BEI GRIN MACHT SICH IHR WISSEN BEZAHLT

AF148954

- Wir veröffentlichen Ihre Hausarbeit,
  Bachelor- und Masterarbeit

- Ihr eigenes eBook und Buch -
  weltweit in allen wichtigen Shops

- Verdienen Sie an jedem Verkauf

Jetzt bei www.GRIN.com hochladen und kostenlos publizieren

Daniel Schmidt

Guitar Evangelists - Geschichte und Leben der 'preaching bluesmen'

GRIN Verlag

Bibliografische Information der Deutschen Nationalbibliothek:

Die Deutsche Bibliothek verzeichnet diese Publikation in der Deutschen National-
bibliografie; detaillierte bibliografische Daten sind im Internet über http://dnb.d-
nb.de/ abrufbar.

Impressum:

Copyright © 2011 GRIN Verlag GmbH
Druck und Bindung: Books on Demand GmbH, Norderstedt Germany
ISBN: 978-3-656-14852-4

Dieses Buch bei GRIN:

http://www.grin.com/de/e-book/190458/guitar-evangelists-geschichte-und-leben-
der-preaching-bluesmen

GRIN - Your knowledge has value

Der GRIN Verlag publiziert seit 1998 wissenschaftliche Arbeiten von Studenten, Hochschullehrern und anderen Akademikern als eBook und gedrucktes Buch. Die Verlagswebsite www.grin.com ist die ideale Plattform zur Veröffentlichung von Hausarbeiten, Abschlussarbeiten, wissenschaftlichen Aufsätzen, Dissertationen und Fachbüchern.

Besuchen Sie uns im Internet:

http://www.grin.com/

http://www.facebook.com/grincom

http://www.twitter.com/grin_com

Guitar Evangelists

Geschichte und Leben der preaching bluesmen

Referatsausarbeitung
Daniel Schmidt
BA Musikwissenschaft

Black Music I: Nothing but the Blues

Inhalt

1. Herkunft des Begriffs *Guitar Evangelist*

Das Wort Evangelist im Allgemeinen bezeichnet einen Beruf, der dem Missionar gleichzusetzen, aber mehr als Berufung anzusehen ist. Der Evangelist fühlt sich zu seiner Tätigkeit von Gott auserwählt und versucht seine Mitmenschen von seinem Glauben zu überzeugen und ihn für seine Weltanschauung zu begeistern. Evangelisten werden von kirchlichen Organisationen angestellt, oder verfolgen diese Tätigkeit auch aus tiefer Überzeugung ohne Anstellung und Bezahlung.

Der Begriff *Guitar Evangelist* stammt laut Mark A. Humphrey von Edward Clayborn, der mit Blind Joe Taggart - dem ersten Gitarre spielenden Evangelist, der auf LP aufgenommen wurde – Platten im Studio aufnahm und davon profitierte. Taggarts Plattenfirma widmete den mit Clayborn aufgenommenen Song „The Gospel Train Is Coming" erstmals den sogenannten Guitar Evangelists (vgl. Humphrey 1933 : 118). Es ist nicht bekannt, ob Taggart die Widmung veranlasste, oder ob seine Plattenfirma aus taktischen Gründen eine Widmung platzierte.

2. Das Leben auf der Straße

Guitar Evangelists waren eine Art Alleinunterhalter, mit der Ausnahme der blinden Bluesmusiker, die meistens einen „lead-boy" (Doering 1999 : 57) – einen Helfer und Lehrling – an ihrer Seite hatten. Meist begleiteten sie sich selbst mit der Gitarre. Es gab des Weiteren natürlich auch Evangelists, die sich auf Instrumenten, wie zum Beispiel einer Mundharmonika, oder dem Klavier begleiteten. Einige Musiker, die später als Guitar Evangelists bekannt wurden konnten sogar mehrere Instrumente spielen. Guitar Evangelists spielten hauptsächlich auf der Straße auf der sie lebten, bekamen aber unter anderem auch Auftritte auf Partys

Abbildung 1 – **Blind Willie McTell**
(http://www.fingerstyleblues.com/wp-content/uploads/2008/11/blind-willie-mctell.jpg)

oder in Kneipen. Nicht selten nahmen Guitar Evangelists Platten auf, um sich Geld zu verdienen und einige wurden dadurch sogar sehr bekannt und bekamen hohes Ansehen in der Gesellschaft.

Blind Lemon Jefferson war einer der bekanntesten Guitar Evangelists. Seine LPs verkauften sich sehr gut und er erreichte einen Bekanntheitsgrad, der ihm großes Ansehen verschaffte. Trotz seines Erfolges, spielte Jefferson allerdings weiter auf „country picnics [und] [...] urban house parties" (Davis 1995 : 95) und erfror schließlich auf der Straße auf Grund eines starken Unwetters. Seine Lebensweise war seine Überzeugung und er hielt daran fest, entgegen jedem Ruhm.

Guitar Evangelists stehen im Kontrast zu den Priestern, die in der Kirche die Lehren dieser vor der ganzen Gemeinde in form von Gospelsongs und Spirituals verbreiten und eine gewisse Vorbilds Stellung haben. Im Gegensatz zu den Guitar Evangelists verwenden sie die Lehren der Kirche um Gott mit ihren Texten anzupreisen. Alltagsprobleme werden nicht direkt behandelt und das wirkliche Leben, zu dem auch unerwünschte Themen wie Alkohol, Drogen und Beziehungsprobleme gehören, wurden vermieden. Das Image eines Preachers war so gegensätzlich zu den Guitar Evangelists, wie es nur sein konnte, selbst wenn ihr Glaube sich nicht unterschied.

Abbildung 2 – **Marvin Sapp**, Pastor der Lighthouse Full Life Center Church in Grand Rapids (http://www.gospelflava.com/gallery2/d/9569-2/-He+may+love+to+preach+but+he+really+CAN+sing.JPG)

Aufgrund ihrer Lebensweise kann man Parallelen des Guitar Evangelists zu dem Leben der Bluesmusiker nicht verneinen. Bluesmusiker sangen Texte mit Lebensnahen Themen, die jedes denkbare Thema behandelten. Ebensolche Texte verbreiteten die Guitar Evangelists, allerdings mit Religiösem Hintergrund. Die Geschichten der Straße sollten den Gläubigen eine Lehre und ein Beispiel aus dem wirklichen Leben sein.

3. Ihr Glaube

Guitar Evangelists waren „singers who made a living on the streets singing and playing religious songs, often with blues guitar accompaniments." (Weissman, 2006 : 18). Sie fühlten sich dazu berufen auf der Straße zu predigen und spielten aus Überzeugung den Holy Blues. Viele fühlten sich dazu von Gott berufen („get the call"), nachdem sie eine tragische Lebenserfahrung machen mussten. Willie Johnson zum Beispiel erblindete und hatte ab diesem Zeitpunkt nur noch die Möglichkeit durch seine Musik Geld zu verdienen. „to get the call" bedeutete nicht bloß, dass man sich zu den Lehren Gottes hingezogen fühlte, sondern aus einem bestimmten Grund das tiefe Bedürfnis zu haben, diese anderen Menschen zu offenbaren. Die Berufung war verknüpft mit tiefer Überzeugung und dem Glauben von Gott auserwählt zu sein. In diesem Zusammenhang war das Erblinden damals ein großer Schicksalsschlag, da der Betreffende für die Arbeitswelt nicht mehr von Nutzen war. Der Blinde brauchte etwas, an dem er sich festhalten konnte und fand seinen inneren Frieden in der Religion.

Das Leben der Guitar Evangelists ist mit dem heutiger Straßenmusiker zu vergleichen. Sie Lebten und spielten auf der Straße. Einen Hut vor sich gestellt spielten sie was die Leute hören wollten. Sie waren auf die Gutmütigkeit der Passanten angewiesen. Allerdings verbreiteten sie im Gegensatz zu den heutigen Straßenmusikern ihre Lehren und versuchten durch ihre Texte die Menschen durch ihren Glauben zum Zuhören und Verstehen zu bewegen.

Spencer schreibt: „While gospel singers and preachers extolled the glories of heaven, blues singers – as marginal Christians – explored present reality rarely with reference to Jesus Christ." (Spencer, 1993 : 43). Das bedeutet, die Guitar Evangelists predigten die gleichen Lehren wie die Priester in der Kirche, allerdings mit realitätsnahen Texten und ohne Prunk und kirchliche Lobpreisung Gottes. Ein normaler Mensch aus dem realen Leben sang von dem realen Leben. Ein Mensch, dem man die Lehren und Erfahrungen, die er verbreitete glauben konnte.

Die Evangelists spielten unter anderem bekannte Spirituals, um durch den Bekanntheitsgrad der Stücke und deren Wiedererkennungswert mehr Geld an den Zuhörern verdienen zu können, da diese mit höherer Wahrscheinlichkeit stehen blieben, wenn sie das Stück kannten, das der Musiker spielte. Da zu dieser Zeit viele Menschen in die Kirche gingen und in Gott Hoffnung fanden, kannten sie die Spirituals, die in den Kirchen von den Priestern gesungen wurden. Sie spielten ebenfalls Blues mit religiösen Texten, welche immer realitätsnah waren und vor einem unbedachten Leben mahnten. Die Guitar Evangelists ermahnten die Menschen unter anderem, nicht die gleichen Fehler zu machen, wie sie selbst.

Viele Evangelists wollten sich strikt von der Kirche abgrenzen und sangen kirchenkritische Texte. Ein Leben zu führen, in welchem sie sich „zwischen Tugend und Sünde entscheiden konnte[n]" (Wyman 2001 : 227), war ihr Ziel. Die Einschränkungen und den gesellschaftlichen Zwang, der mit der Kirchengemeinde verbunden war, wollten die Guitar Evangelists nicht anerkennen und somit gaben sie ihre Stellung innerhalb der Gemeinde auf, um nach ihren eigenen Vorstellungen frei zu leben und an Gott zu glauben. Aus diesem Grund waren sie in der kirchlichen Gemeinde nicht gut angesehen und bekamen normalerweise keine Möglichkeit, ihre Lehren vor der gesamten Kirchengemeinde innerhalb der Kirchenmauern darzulegen.

Ein gutes Beispiel für den Spott eines Guitar Evangelists über die Priester ist „Preachin' the Blues" von Son House. House war Baptisten-Priester, geriet durch seinen Lebensstil in Konflikt mit den kirchlichen Normen und somit auch dessen Vorgesetzten und der Gemeinde und entschied sich daher, alle kirchlichen Vorschriften vollkommen hinter sich zu lassen (vgl. Reed 2003 : 55) und als Guitar Evangelists seine Lehren weiter zu verbreiten.

Preachin' the Blues, by Son House (Extrakt):

> Oh, I'm going to get me religion; I'm going to join the Babtist church
> I'm going to be a Babtist preacher; and I sure won't have to work
> (vgl. Reed 2003 : 55)

House verhöhnt die Priester, die seiner Meinung nach ein leichtes Leben führen. Aus dem Abschnitt geht hervor, dass Priester nicht mit Leib und Seele ihre Überzeugung predigen, sondern - nach Houses Meinung - das Amt eines Priesters das Ziel von faulen und unentschlossenen Menschen ist, die nicht schwer arbeiten wollen und sich mal eben, aus einer Laune heraus, "eine Religion besorgen".

Blind Rev. Gary Davis ist ein Ausnahmefall. Er war Straßenmusiker und verbreitete seine Ansichten über die Kirche und Gott in Kneipen und auf der Straße, doch er bekam die Chance vor der Kirchengemeinde in der Kirche zu Predigen und wurde Priester, da er in der Gemeinde auf großen Zuspruch stoß. Er stellt einen Sonderfall dar, da Guitar Evangelists in der Kirchengemeinde normalerweise aufgrund ihrer Kirchenkritischen Haltung nicht besonders gutes Ansehen hatten. Er schaffte es, von der Straße Einlass in die Kirche zu bekommen und so seine Lehren einer extrem gläubigen Gemeinde zu offenbaren. Reverend Gary Davis sagte dazu: „Well, how did I come to be a preacher? Now you see that was for me to come to. I was chosen." (Tilling, 2010 : 12).

Viele Guitar Evangelists nahmen LPs auf und setzten bei ihren Texten „dort an, wo die Prediger aufhörten" (Wyman 2001 : 227). Durch die nähe zum realen Leben wurden die LPs gut verkauft und beliebt. Aufgrund der aktuellen und lebensnahen Texte und ihrem Lebensstil, werden die Guitar Evangelists zu den Bluesmusikern gezählt, da diese eine ähnliche Lebensweise pflegten.

4.   Spieltechniken

Viele Bluesgitarristen, die auf der Straße lebten, spielten mit einer Fingertechnik namens *picking-style*, so auch die Guitar Evangelists. das Spielen des Grundtons eines Akkordes erleichterte und verstärkte ein auf den Daumen gesteckter Metallhaken. Die restlichen Töne des Akkordes wurden mit den anderen Fingern durch Zupfen vervollständigt. Mit dieser Methode wurde meist „only one chord or string at a time" (Evans, David 1982 : 246) gespielt. Die Gitarrenbegleitung wurde allerdings, laut Evans, im Kontrast zur Gesangsstimme und nicht nur durch rhythmisches Spielen von Akkorden geformt, sondern bekam eine von der Melodie losgelöste Stellung, sodass die Illusion einer zweiten Gitarre entstand.

Auch verbreitet war das *Sliden* auf den Stahlsaiten mit einem abgeschlagenen Flaschenhals oder einem Messer, wie es „Blind" Willie Johnson bevorzugte (vgl. Barnhill 2009 :

67), das den uns vertrauten jammernden Klang erzeugt. Der Flaschenhals wurde über einen Finger gestülpt und erleichterte das Rutschen von Ton zu Ton, oder sogar von Akkorden. Diese bei Bluesmusikern sehr verbreitete Methode konnte nur funktionieren, wenn die Saiten der Gitarre auf eine bestimmte Tonart gestimmt wurden, wie z.B. E-H-G-E-H-E. Der besondere Sound der Slide-Technik ist sehr leicht herauszuhören, da so die Gitarre klingt, als wären keine Bünde vorhanden. Das Spielen von Bluenotes wurde so vereinfacht, da die Saiten nicht gezogen werden mussten und der Klang ermöglichte eine willkommene Variation des Gitarrenklangs. Die Slide-Technik wurde zum Markenzeichen einiger Bluesmusiker.

5. Blind Guitar Evangelists

Liest man die Namen bedeutender Guitar Evangelists, wie Blind Willie Johnson, Blind Willie McTell, Blind Lemon Jefferson und Blind Rev. Gary Davis, so fällt auf, dass viele von ihnen ihre körperliche Benachteiligung im Namen trugen. Sie waren blind und hatten somit Schwierigkeiten Arbeit zu finden, um sich ihren Lebensunterhalt zu verdienen. Viele Bluesmusiker sahen somit in dem Leben eines Guitar Evangelists die einzige Möglichkeit durch Arbeit an Geld zu kommen. Sie konnten keine körperlich harte Arbeit mehr durchführen oder (wenn von Geburt an blind) in die Schule gehen, sollte die Möglichkeit bestehen. Sie waren sozusagen unbrauchbar für die Arbeitswelt und konnten nur auf ihre Kreativität und Musikalität setzen und aufbauen. Sie eigneten sich meist allein aus selbstgebauten Instrumenten, wie Gitarren aus Kürbissen, das Spielen bei und entwickelten ihre eigenen Spielmethoden, die ihren Klang individualisierte.

Mit einer Blechdose am Gürtel befestigt standen sie jeden Tag an einer Straßenecke und die Passanten konnten Münzen in die Dose werfen (vgl. Doering 1999 : 57). Ab und zu reichte ihr „lead-boy" die Dose in der Zuschauermenge herum um Geld einzusammeln. Der „lead-boy" begleitete den blinden Musiker; als Leiter, Verwalter und Helfer stand er ihnen meist zur Seite und füllte ebenfalls die Rolle eines Lehrlings aus. Er lernte von seinem Meister dessen Spieltechnik während er ihn im Alltagsleben unterstützte und gab nach seiner Lehre die Weisheiten seines Meisters weiter.

Ein sehr bekannter „lead-boy" war Lead Belly. Mit jungen Jahren war er der Lehrling von Blind Lemon Jefferson und begleitete ihn jeden Tag an „eine günstige Straßenecke oder an seinen <<Stammplatz>>" (Doering 1999 : 57), oder zu Auftritten in Bars. Er lernte von Jefferson das Gitarrenspiel und unterstützte ihn im Alltag.

6. Literatur

Barnhill, John H. (2009). *Jazz Age Evangelism*. In: Newton-Matza, Mitchell (Hrsg.) / Macall, Peter C.. *Jazz Age: People and perspectives*. Santa Barbara: ABC-CLIO

Davis, Francis (1995). *The History of the Blues. The Roots, the Music, the People*. Cambridge: Da Capo Press

Doering, Teddy (1999). *Gospel: Musik der Guten Nachricht und Musik der Hoffnung*. Neukirchen: Aussaat-Verlag

Evans, David (1982). *Big Road Blues. Tradition and creativity in the Folk Blues*. Berkley and Los Angeles: University of California Press

Humphrey, Mark (1993). "Holy Blues: The Gospel Tradition". In: Cohn, Lawrence Hrsg. (1993). *Nothing but the Blues: The Music and the Musicians*. New York: Abbeville Press

Reed, Teresa L. (2003). *The Holy Profane. Religion in black popular music*. Kentucky: The University Press of Kentucky

Tilling, Robert (1992). *Oh what a beautiful city. A tribute to the Reverend Gary Davis (1896 – 1972)*. Jersey: Paul Mill Press

Weissman, Dick (2006). *American Popular Music: Blues*. New York: Facts on File Verlag

Wyman, Bill (2001). *Blues. Geschichte, Stile, Musiker, Songs & Aufnahmen*. Frankfurt am Main: Zweitausendeins Verlag

Internet

http://www.fingerstyleblues.com/wp-content/uploads/2008/11/blind-willie-mctell.jpg (Zugriff: 14.09.2011)

http://www.gospelflava.com/gallery2/d/95692/He+may+love+to+preach+but+he+really+CAN+sing.JPG (Zugriff: 14.09.2011)